LES

PORTRAITS

DU

DUC DE LA ROCHEFOUCAULD

Auteur des *Maximes*

NOTICE ET CATALOGUE

PAR

LE MARQUIS DE GRANGES DE SURGÈRES

Avec deux portraits inédits gravés par Ad. LALAUZE

PARIS

DAMASCÈNE MORGAND ET CHARLES FATOUT

55, Passage des Panoramas, 55

1882

LES PORTRAITS

DU DUC

DE LA ROCHEFOUCAULD

TIRAGE :

2 exemplaires	sur papier impérial du Japon	(1 à 2)
20 —	sur papier Whatman	(3 à 22)
478 —	sur papier vergé	(23 à 500)

Soit : 500 exemplaires numérotés.

N°

Petitot pinx — Ad Lalauze sc

LA ROCHEFOUCAULD

Imp A Salmon

Devéria del — Ad Lalauze sc

DUC DE LA ROCHEFOUCAULD

Imp A Salmon

LES

PORTRAITS

DU

DUC DE LA ROCHEFOUCAULD

Auteur des *Maximes*

NOTICE ET CATALOGUE

PAR

LE MARQUIS DE GRANGES DE SURGÈRES

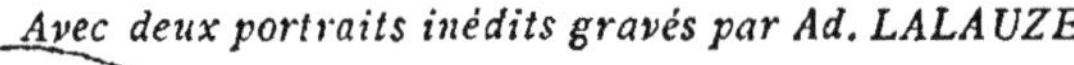

Avec deux portraits inédits gravés par Ad. LALAUZE

PARIS

DAMASCÈNE MORGAND ET CHARLES FATOUT

55, Passage des Panoramas, 55

1882

AVERTISSEMENT

On s'est appliqué, dans ces derniers temps, à décrire l'œuvre d'un graveur ou d'un dessinateur; on a catalogué les suites d'estampes destinées à illustrer les diverses éditions de nos classiques et de nos poètes, et l'on a rédigé sur des groupes d'artistes, représentants d'une école ou d'une époque, des études d'ensemble appelées à rendre les plus grands services à l'histoire de l'art.

Ce qui a moins tenté les travailleurs, c'est de donner la description de tous les portraits gravés d'un personnage, alors surtout que ses œuvres n'avaient provoqué la composition d'aucune suite de vignettes. Le peu d'importance d'un travail de ce genre et la somme trop modeste des difficultés à vaincre sont assurément les seules causes qu'il faut assigner à ce que nous n'osons appeler une lacune.

Tel est cependant le but que nous nous sommes proposé en rédigeant cette petite étude, dans laquelle on verra, non le résultat d'un travail pénible, mais bien plutôt le fruit de recherches agréables, une sorte de délassement ou de récréation artistique. Nous avons donc essayé de faire l'iconographie du duc de la Rochefoucauld, n'ayant d'autre prédécesseur, dans cette voie, que Sieurin, qui s'est borné à cataloguer sommairement une dizaine de portraits de ce personnage (1).

A de rares exceptions près, indiquées en leur lieu et place, toutes les pièces que nous avons décrites font partie d'une collection que nous avons formée avec une sorte d'amour, en admirateur fervent de l'auteur des Maximes.

Notre catalogue contient, autant que possible, le détail de tous les états *des portraits décrits. Nous n'ignorons pas que l'on abuse un peu, de nos jours, de ce terme technique; aussi bien, dans la plupart des cas, ne l'avons-nous employé que parce qu'il était encore, en dehors de toute préoccupation artistique ou souci commercial, le moyen*

(1) *Manuel de l'amateur d'illustrations, gravures et portraits pour l'ornement des livres français et étrangers,* par M. J. Sieurin. Paris, Labitte, 1875. — *In-8°.*

le plus simple pour désigner un nouvel avancement d'une planche gravée.

C'est à juste titre, d'ailleurs, que les curieux recherchent ces épreuves d'essai des artistes, qui, si elles ne présentent pas toujours la correction de dessin et de gravure d'une épreuve terminée, ont au moins une saveur, un goût de fruit inappréciables. Pour le même motif aussi, n'avons-nous pas omis de mentionner les épreuves sur papier de Chine ou du Japon, sur taffetas ou sur parchemin, que leurs qualités spéciales de tirage ou leur originalité rendent si précieuses.

Cependant, avons-nous la prétention d'avoir décrit tous les portraits gravés du personnage, en un mot, prétendrons-nous donner un travail absolument complet? Ce serait la perfection, et qui peut, hélas! se flatter d'y atteindre!

C'est ainsi que, faute d'avoir réussi à les voir, nous n'avons pu donner la description de deux portraits dont l'existence ne nous est point inconnue : le premier est joint à une traduction des Maximes *publiée à Vienne en 1785, et le second orne une version anglaise du même ouvrage imprimée à New-York, en 1851.*

Toutefois, c'est à dessein que nous avons négligé un portrait exécuté en France, il y a quelques années, par le graveur anglais E. Scriven et au bas duquel a été imprimé, par erreur, le nom de la Rochefoucauld, alors qu'il présente, en réalité, l'effigie de La Bruyère (1).

Nous devons parler aussi, sans doute, des deux portraits qui ornent cet opuscule et pour la gravure desquels M. Lalauze a bien voulu nous prêter le concours de son remarquable talent.

Ainsi que nous le disons dans notre Notice, *le premier est la reproduction, faite d'après une photographie, de l'émail original que possède S. A. R. le prince d'Orange. Il y avait peut-être lieu de craindre, au premier abord, que ce procédé mécanique fût inhabile à rendre correctement un portrait peint sur une plaque d'émail relevée en bosse ou emboutie, pour nous servir d'un terme de métier, dont la convexité pouvait modifier l'exactitude des proportions. Par bonheur, il n'en a rien été et nous avons pu confier à notre graveur une copie d'une fidélité mathématique.*

Le second est la reproduction exacte, comme dimension et comme dispositions, d'un dessin inédit que Devéria avait exécuté pour la bibliothèque Janet et que nous avons acquis lors de la vente de la célèbre collection Mahérault. Nous ne nous faisons point illusion sur la valeur actuelle des Devéria. *Relégué aujourd'hui au second rang, cet artiste ne jouit pas encore de la vogue à laquelle il a droit, croyons-nous. Mais son heure sonnera*

(1) Ce portrait, publié sans signature, est in-8° à claire-voie.

certainement un jour, comme pour tant d'autres délaissés, et peut-être sa gloire sera-t-elle d'autant plus grande qu'elle aura plus tardé à venir. Quoi qu'il en soit, le dessin que nous avons fait graver a toutes les qualités d'une œuvre de maître. A la sépia, avec rehauts à la gouache et repentirs au grattoir, il est traité avec une délicatesse et une vigueur admirables.

Ajoutons que, pour dessiner les traits du duc de la Rochefoucauld, Devéria s'est inspiré de la gravure de Choffard, qui représente, selon nous, le second des portraits du personnage peints en émail par Petitot. Ainsi aurons-nous pu, à l'appui de notre thèse et dans cet opuscule même, donner des spécimens de ces deux types distincts.

Tel qu'il est, notre travail obtiendra peut-être les suffrages des amateurs. Quoi qu'il en puisse être, ce sera pour nous un incomparable honneur que d'avoir pu, à l'occasion d'une étude nouvelle, tant par le sujet qu'elle traite que par la forme qu'elle revêt, mettre notre nom à l'abri de celui de l'immortel auteur des Maximes.

MARQUIS DE GRANGES DE SURGÈRES

NOTICE

SUR LES

PORTRAITS DU DUC DE LA ROCHEFOUCAULD

Il semble que tout soit dit au sujet du portrait de l'auteur des *Maximes,* dès que l'on a cité l'émail de Petitot et les reproductions exécutées par Choffard, Gaucher et les autres graveurs qui ont travaillé d'après eux. En un mot, le type vulgarisé par ces gravures est resté, auprès des amateurs, comme l'effigie authentique et officielle du duc de la Rochefoucauld.

Vouloir prétendre que la question n'est pas aussi simple est peut-être une présomption de notre part. Que l'on veuille cependant considérer que deux siècles nous séparent de l'époque à laquelle vivait le célèbre moraliste et que, parmi les nombreux portraits qui existent de lui, deux types très distincts, sinon différents, se font aisément remarquer, l'un représenté par les gravures des Moncornet, des Odieuvre et des Duponchel, et l'autre consacré, comme nous venons de le dire, par Choffard, Gaucher, Roger, Bertonnier et Hopwood, pour ne citer que les principaux artistes qui se sont inspirés du même modèle. Que l'on se souvienne aussi, puisqu'une tradition séculaire, à défaut de documents certains, veut que Petitot ait peint l'auteur des *Maximes*, que ce célèbre artiste ne signait jamais ses émaux, qu'il ne les datait pas davantage et qu'aucune de ses précieuses peintures ne porte l'indication positive du personnage qu'elle représente, et l'on reconnaîtra peut-être qu'il y a ici, nous ne voulons pas dire une grosse question artistique et historique, mais au moins un de ces points de critique de la nature de ceux que notre époque curieuse et fureteuse aime à étudier et à élucider.

Nous ne sachons pas, d'ailleurs, que semblable question ait été posée jusqu'à ce jour et que l'on se soit jamais préoccupé sérieusement de rechercher quelle est la véritable image, le portrait sincère, authentique de François VI, duc de la Rochefoucauld.

I

Ce fut, en vérité, une bonne fortune pour la Rochefoucauld que d'avoir été le contemporain de l'inestimable émailleur Petitot! Quel autre eût pu, en effet, d'une main plus sûre et plus délicate, avec un talent plus personnel et à l'aide d'un procédé plus gracieux, peindre l'auteur des *Maximes,* avec son air semi-chagrin et semi-vainqueur, avec l'expression hautaine et railleuse de sa physionomie, et, pour tout dire, avec cette préciosité qui le caractérise?

D'ailleurs, il nous plaît à l'extrême de voir le frondeur, le *camarade la Franchise,* comme on disait au camp de Condé, portraituré par un peintre frondeur lui-même, ou novateur, si l'on aime mieux, car c'est tout un. Que l'on ne croie pas cependant que nous voulions parler du protestant, huguenot renforcé dont l'obstination ne put être vaincue ni par les menaces de Louis XIV, ni par l'éloquence de Bossuet. En art, — car c'est de l'artiste seul qu'il est ici question, — Petitot fut un véritable frondeur. Rompant en visière avec le passé, faisant fi de l'usage qui commandait de grandes toiles, des portraits en pied, des personnages montés sur des chevaux richement caparaçonnés et des rois de France vêtus en empereurs romains, abandonnant, en un mot, la voie tracée par les Mignard et les Lebrun, que devaient reprendre après lui Largillière et Hyacinthe Rigaud, il voulut représenter la majesté royale ou la puissance d'un premier ministre sur des coffrets, des bonbonnières et des bijoux.

Sans doute, ces petits portraits, malgré leur extrême perfection et finesse, flattèrent moins l'orgueil des hommes, ces grands vaniteux, qui, en dépit de ce qu'ils en veulent dire, aiment tant à voir dans leur image, non seulement la représentation de leurs traits, mais aussi et avant tout celle de leur grandeur, de leur puissance et de leur gloire. Mais il en devait être autrement pour les femmes. Celles, en effet, dont la préoccupation constante, le soin de chaque jour est de charmer et de plaire, celles qui préfèrent aux grandes peintures exposées à la vue de tous, profanées, allions-nous dire, par les regards indiscrets de la foule, ces portraits précieux, mignards et délicats que le mari ou l'amant emporte avec lui aux armées du roi, ne devaient-elles pas être les clientes assidues de Petitot ?

C'est que rien, mieux que l'émail, ne rend le satiné de la peau, la transparence et le modelé de la chair, la limpidité de l'œil et ne fait ressortir ces mille détails de coquetterie et ces agencements sans nombre de la parure dont les femmes sont si jalouses. Aussi, toutes elles voulurent être peintes par Petitot, toutes, depuis Anne d'Autriche jusqu'à la Montespan et depuis Christine de Suède jusqu'à la gracieuse duchesse d'Olonne, qui fournit au maître le modèle de l'un de ses chefs-d'œuvre. Et voilà comment celles qui avaient fait la fortune de la Fronde, firent aussi le succès de cette révolution artistique.

II

C'est à la Cour d'Angleterre que, vers l'année 1640, Petitot commença à s'adonner à la peinture du portrait en émail. Nul mieux que lui n'excellait déjà, dans ce genre qu'il avait créé, à dessiner une tête d'après nature, nul *n'attrapait* mieux une ressemblance et nul non plus ne savait donner à un portrait cette douceur de coloris et cette vivacité de couleurs qui font de ses émaux autant de bijoux vivants et animés. Mais la Révolution le contraignit bientôt à abandonner l'appartement que Charles Ier lui avait donné à Whitehall et à quitter un pays où la protection et la munificence royales l'eussent sans doute retenu à jamais. C'est à Paris, où les arts et les lettres recevaient d'un grand roi protection et indépendance, que, suivant la fortune des Stuart, Petitot transporta son aiguille d'émailleur. A quelle époque précise arriva-t-il dans cette ville ? Les historiens ne sont pas d'accord sur ce point. Il paraît cependant établi que ce fut antérieurement à l'année 1649, au commencement de laquelle fut consommé le meurtre de l'infortuné Charles Ier. Tant est-il que, si nous en croyons d'Argenville (1), dès 1651, son nom s'était considérablement accru à Paris et que dès ce moment toute la Cour de France voulait déjà être peinte en émail.

A cette date, le duc de la Rochefoucauld avait trente-huit ans; la goutte, qui devait briser plus tard sa robuste constitution, n'avait encore fait qu'aiguillonner, pour ainsi dire, son organisme par quelques attaques sournoises ; il était jeune, il était beau, et, si son livre des *Maximes* ne l'avait pas déjà désigné comme l'un des plus grands penseurs des temps modernes, au moins la Fronde avait-elle rendu son nom fameux, et l'amant de la belle duchesse de Longueville était-il depuis longtemps connu à la Cour, dans les salons

(1) *Abrégé de la vie des plus fameux peintres.....* (par d'Argenville). *Paris, de Bure, 1742;* tome III.

et dans les ruelles. Aussi, fût-ce vraisemblablement à cette époque que Petitot fut chargé de représenter en émail les traits du futur moraliste.

III

Ainsi que nous le disions au début de cette Notice, les portraits gravés de la Rochefoucauld se divisent en deux types fort distincts, qui, bien que présentant un grand caractère de ressemblance, ne procèdent pas cependant du même modèle. La question se pose donc d'elle-même : Quel est de ces deux types celui peint par Petitot dans les conditions que nous venons de dire ? en un mot, faut-il en demander la copie à Moncornet ou à Choffard ?

Question délicate, à la vérité; car si, d'une part, il n'est point douteux que ce dernier ait gravé le portrait de l'auteur des *Maximes,* d'après un émail de Petitot, de l'autre, nous ne pouvons oublier que Moncornet fut le contemporain du célèbre émailleur et partant aussi de la Rochefoucauld, et que ses portraits présentent un cachet d'authenticité et un accent de vérité incontestables. D'ailleurs, dans cet ordre d'idées, nous ne faisons autre chose que suivre la voie tracée par M. Reiset, le

2

savant administrateur des Musées du Louvre. Car, si dans ses recherches sur les émaux de Petitot (1), pour donner un nom à un portrait, pour confirmer ou pour combattre une attribution, il invoque le témoignage de graveurs tels que Larmessin, Poilly et Nanteuil, il ne se fait pas faute de recourir aussi à Moncornet.

La question était donc telle, lorsque nous l'avons abordée, que nous devions, à premier examen, rejeter comme œuvre de fantaisie ou la gravure de Moncornet ou celle de Choffard.

Il est vrai que depuis quelques années cette question semblait être résolue. En 1862, en effet, parut un ouvrage qui eut, près des amateurs, un assez grand succès, nous voulons parler des *Emaux de Petitot*, publiés par M. Blaisot, avec le concours de M. Ceroni, graveur au burin des plus habiles. Cette publication offrait la reproduction de tous les émaux du célèbre peintre conservés au Musée du Louvre, et, autant que possible, de ceux qui se trouvaient dans les collections ou publiques ou privées.

A ce titre, le portrait de la Rochefoucauld

(1) Voyez sa *Notice des dessins, cartons, pastels, miniatures et émaux exposés dans les salles du 1er et du 2e étage, au Musée impérial du Louvre; Paris, 1869.* — Deuxième partie, pages 236 et suivantes.

ne pouvait manquer de figurer dans cette galerie artistique. L'éditeur ayant donc appris que, parmi les joyaux d'une incomparable collection, la reine Sophie des Pays-Bas possédait un émail attribué à Petitot, dans lequel on s'accordait à reconnaître le portrait de l'immortel auteur des *Maximes,* annonça que son livre contiendrait la reproduction de cette importante pièce originale. Mais, comme sans doute il ne fut pas possible d'obtenir de la reine la communication de son émail (1), on se borna à faire exécuter un dessin, d'après la gravure de Choffard, en changeant toutefois les proportions et en substituant un manteau à la cuirasse dont le personnage était revêtu.

Au bas du portrait on imprima cette phrase que sa simplicité même devait mettre à l'abri de la critique : « D'après l'émail appartenant « à S. M. la Reine des Pays-Bas. » D'ailleurs, l'Avis de l'éditeur et le texte de l'ouvrage lui-même contenaient sur cette gravure et sur son authenticité des renseignements rédigés avec une telle habileté, qu'après les avoir lus, il

(1) Fit-on même quelque tentative pour obtenir au moins un dessin de l'émail ? Il est permis d'en douter. Ce qu'il y a de certain, — que l'on veuille bien prendre note de cette affirmation, car elle aura peut-être quelque jour une nouvelle importance, — c'est que jamais personne avant nous n'a été autorisé à reproduire cet émail par la gravure. Au moins cela nous a-t-il été déclaré par les personnes compétentes attachées à la cour de Hollande.

eût fallu être vraiment bien difficile pour élever des doutes à ce sujet (1).

Or, comme le portrait exécuté par Ceroni ressemblait, à s'y méprendre, surtout après que l'on eut eu le bon esprit de remplacer le manteau par une cuirasse, à celui qu'avait gravé Choffard, il resta constant, pour les amateurs, que ces deux artistes avaient travaillé d'après le même modèle et que ce modèle se trouvait à la Haye, dans la collection de la reine de Hollande.

Il est vrai qu'on ne se pique pas de pruderie et qu'on ne pèche pas par excès de sévérité au camp d'iconophilie. Qu'un portrait soit joliment gravé, qu'il se présente dans un gracieux encadrement ou qu'il soit signé du nom d'un artiste connu, cela suffit, en vérité, et peu importe le degré plus ou moins grand de ressemblance du dessin avec le modèle. Les choses en sont même rendues à ce point de fantaisie, que les banales et insipides gravures de mode, éditées au XVIIe siècle par les Bonnart, les Trouvain *et tutti quanti,* sont réputées portraits et seront estimées bientôt à

(1) Voici, en effet, ce qu'on lit, page 115 de l'*Avis de l'Editeur :* « Nous devons à l'auguste bienveillance de Sa Majesté la Reine des « Pays-Bas l'autorisation qu'il nous a fallu pour reproduire, d'après l'émail « de Petitot, le portrait de *la Rochefoucauld* que possède sa collection « royale. » Et dans la note de la page I de l'article qui accompagne le portrait : « L'émail original dont notre gravure est la reproduction fait « partie de la collection particulière de S. M. la Reine des Pays-Bas. »

l'égal des meilleures pièces signées par les Edelinck ou les Nanteuil.

Est-ce à dire cependant qu'il faille mépriser la gravure en tant que gravure et doit-on dédaigner les produits de cet art charmant, délicieux, admirable, qui, non content de rester interprète et vulgarisateur des productions du génie, devient parfois lui-même créateur ? Non, en vérité. Car, rien n'est plus séduisant qu'une belle estampe. Elle a même un charme, un éclat, et, pour tout dire, une gaieté que n'a pas toujours la peinture. Mais, lorsqu'elle est chargée de reproduire les traits, la physionomie, l'air et la manière d'être des hommes illustres, de ceux qui, à quelque titre que ce soit, se sont fait un nom dans les âges passés, elle doit être, d'abord et avant tout, une pièce historique, un document certain, sincère, inattaquable.

IV

Nous avons dit comment l'éditeur Blaisot, ayant annoncé à ses souscripteurs la reproduction de l'émail de Petitot conservé en Hollande, n'avait donné, en réalité, qu'une copie pure et simple de la gravure de Choffard. Nous arrêterons-nous à qualifier la mystification dont, par ce fait, il s'est rendu l'auteur. Non assurément, car elle est, hélas ! d'un usage si fréquent, qu'il est convenu de ne plus s'attarder à en dénoncer les cas. Nous préférons donc passer outre et rétablir la vérité dans ses droits en exposant le résultat de nos recherches.

Depuis la mort de la reine Sophie des Pays-Bas, la célèbre collection d'émaux qu'elle possédait est devenue la propriété de S. A. R. le prince d'Orange, son fils, et a été transportée de la Maison-du-Bois, résidence bien connue des touristes, dans le palais que le prince occupe à la Haye. C'est là, que, le 24 octobre dernier, — précisons les dates et les faits, — il nous fut donné, grâce à l'obligeance du royal possesseur, d'examiner l'émail dont il s'agit. Quelle ne fut pas notre surprise, à nous qui avions encore foi dans l'assertion de l'éditeur Blaisot, de tenir entre nos mains un portrait tout différent de ceux gravés par Choffard et par Ceroni !

De trois quarts à droite, le regard dirigé vers la gauche, une longue chevelure noire bouclée tombant sur les épaules, le duc y est revêtu de la cuirasse avec brassards en acier à clous dorés et porte un large col rabattu orné de dentelle. La figure, finement traitée, avec carnations chaudement colorées, s'y détache sur un fond brun (1). D'ailleurs, aucune signature, aucune date. Seul, le nom de la Rochefoucauld, d'une écriture ancienne, figurait autrefois sur le revers et a été effacée depuis.

Mais quel délicieux émail, quelle ravissante peinture, quelle vie, quelle finesse, quel modelé, quel rendu ! Comme l'air vainqueur et précieux du personnage y est habilement reproduit, comme sa mine hautaine, fière et railleuse y est saisie et, pour ainsi dire, prise sur le fait ! Et cette belle chevelure, comme elle ondule gracieusement et comme elle fait bien songer à celui qui écrivait de lui-même : « I'ay les cheueux noirs, naturellement frisez, « et auec cela assez épais et assez longs, pour « pouuoir prétendre en belle teste (2). » Et cet œil, *qui regarde de haut,* n'est-ce pas celui de l'homme habitué à toiser ses semblables ?

Au surplus, si ces considérations, si un certain air de ressemblance, de parenté, allions-nous dire, entre ce portrait et celui reproduit par Choffard, si ce je ne sais quoi indé-

(1) Ajoutons, pour compléter cette description, que l'émail est sur or, comme presque tous ceux de Petitot, qui n'employait ordinairement que des métaux précieux; que le revers en est incolore et que le médaillon, de forme ovale, mesure 41 millimètres de hauteur sur 34 de large.

(2) Voyez le PORTRAIT DE M. R. D. (M. de la Rochefoucauld) FAIT PAR LUI-MÊME, inséré dans le *Recueil des portraits et éloges en vers et en prose, dédié à S. A. R. Mademoiselle* (de Montpensier). *Paris, Ch. de Sercy et Cl. Barbin, M. DC. LIX.*

finissable qui permet de reconnaître un même personnage dans deux dessins différents d'attitude, d'époque et de facture, ne nous avaient pas assez indiqué dans cet émail l'effigie de l'auteur des *Maximes,* ne nous eût-il pas suffi d'invoquer le témoignage de Moncornet et du portrait qu'il a gravé ? Car c'est bien le même dessin et il est impossible de s'y méprendre, cette gravure est la copie de l'émail conservé à la Haye : même pose, même costume, même physionomie, et, pour tout dire, même air de jeunesse. Cependant, d'autre part, pour fidèle et sincère qu'est le portrait publié par Moncornet, combien, hélas ! la gravure en est froide et privée de sentiment ! Quelle image pâle, décolorée, exsangue !

Suffisait-il donc que nous ayons retrouvé l'original de ce portrait et que nous en ayons signalé l'existence aux amateurs ? Notre rôle ne devait-il pas être plus grand? De cette peinture animée, vivante et particulièrement ressemblante, ne fallait-il pas une interprétation nouvelle, reproduisant exactement, cette fois, non seulement la pose et le costume du personnage, mais encore l'admirable expression de sa physionomie, avec tout son caractère psychologique, pour employer une expression qui rend bien notre pensée?

Le prince, hâtons-nous de le dire, prévint

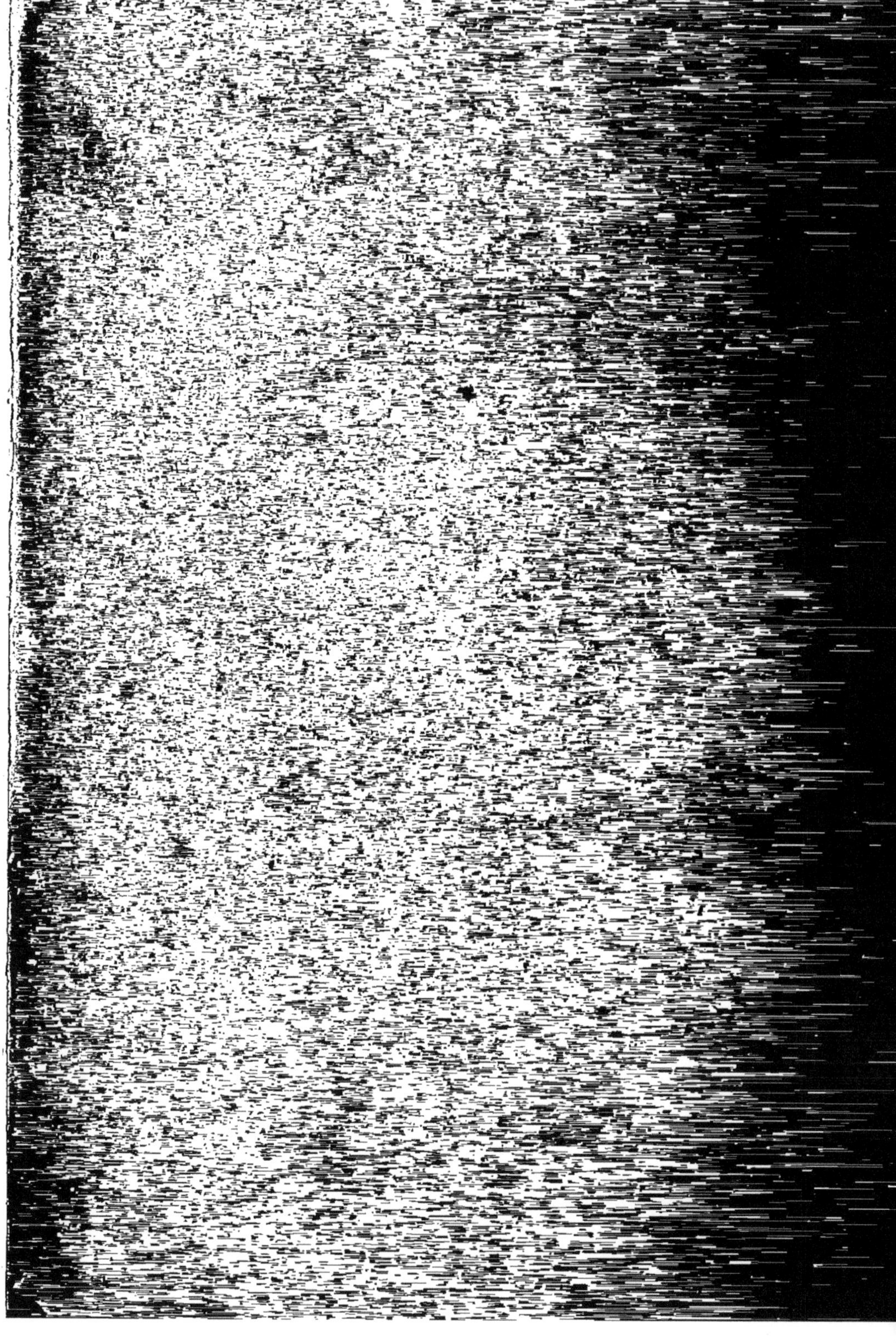

www.ingramcontent.com/pod-product-compliance
Ingram Content Group UK Ltd.
Pitfield, Milton Keynes, MK11 3LW, UK
UKHW021008200726
13857UKWH00004B/1345

lui-même nos désirs et, avec une bonne grâce dont nous ne saurions trop nous louer, nous offrit de faire photographier son précieux émail, afin que nous pussions confier à notre graveur, sinon la pièce originale elle-même, au moins une copie d'une fidélité indiscutable.

Tel est le document qui nous a servi, tel est le procédé que nous avons employé pour faire graver le premier des portraits qui ornent cette modeste étude, et qui, à nos yeux, représente l'image la plus vraie de l'auteur des *Maximes*.

Que SON ALTESSE ROYALE veuille bien agréer ici, avec nos hommages, le tribut de notre respectueuse reconnaissance, pour l'honneur qu'Elle nous a fait et le service qu'Elle nous a permis de rendre à l'histoire et aux arts.

V

Mais, dira-t-on, si le portrait gravé par Moncornet, si cet émail, dont vous signalez l'existence à la Haye, présentent l'image véridique du duc de la Rochefoucauld, quel cas ferez-vous du modèle de Choffard ? Le rejeterez-vous comme une œuvre de fantaisie, comme un document controuvé ?

Cependant Choffard était un artiste sérieux, ne consentant à travailler que d'après des originaux dont l'authenticité lui était démontrée, et il n'est pas admissible que, précisément dans l'exécution de cette pièce importante, traitée par lui avec une attention et une prédilection évidentes, il se soit départi de ses habitudes de sincérité et de loyauté. D'ailleurs, l'émail qui lui a servi de modèle existe, on le connaît et, bien qu'il ne soit pas dans une collection publique, on a pu comparer la copie à l'original. Ecoutez plutôt : « Le por-
« trait du duc de la Rochefoucauld, l'auteur
« des *Maximes*, dit M. le baron Portalis, en
« décrivant l'œuvre de Choffard, est très fin
« et rend bien la préciosité et le joli de l'émail
« de Petitot, d'après lequel il est gravé (1). »

Aussi bien n'avons-nous point l'intention de condamner cette pièce si originale et si précieuse. Loin de là et au contraire, nous y voulons voir un nouveau portrait de moraliste, portrait non moins vrai, non moins authentique que le premier, mais le représentant dans un âge plus avancé.

N'était-ce pas l'habitude, en effet, et comme la passion favorite du peintre Petitot, soit

(1) *Les Graveurs du* XVIIIe *siècle, estampes, vignettes et portraits par MM. le baron Roger Portalis et Henri Beraldi. Paris, D. Morgand et Ch. Fatout, 1880.* — Tome I.

qu'il exécutât des copies des grandes toiles que signaient Philippe de Champagne et Lebrun, ou qu'il travaillât d'après nature, de représenter les mêmes personnages plusieurs fois, à des âges différents, dans diverses attitudes et sous des costumes variés ? N'est-ce pas ainsi, par exemple, qu'il a peint quatre émaux au moins pour représenter Louis XIV, jeune ou dans la force de l'âge, deux pour Anne d'Autriche, trois pour Marie-Thérèse d'Autriche, deux pour Gaston de France, pour la duchesse d'Aiguillon et pour Mme de Combalet ? Or, pourquoi l'auteur des *Maximes,* qui fut, sans contredit, l'un des hommes les plus fêtés, les plus courtisés et les plus adulés de son époque, n'aurait-il pas deux fois tenté la verve artistique du célèbre émailleur ?

Au surplus, comparons les types distincts que présentent les deux émaux de Petitot, mettons un instant en présence, d'un côté, la gravure que nous avons fait exécuter par M. Lalauze et, de l'autre, celle de Choffard.

Dans le premier de ces portraits, le duc a un certain air soldat (1), frondeur, fanfaron, bravache même, car il nous faut tout dire. C'est qu'il est encore tout frais émoulu de

(1) « Il n'a jamais été guerrier, quoiqu'il fût très soldat. » Portrait du duc de la Rochefoucauld par le cardinal de Retz.

cette triste équipée qui s'appelle la guerre de la Fronde; c'est qu'hier il assistait à ces mêlées de carrefours, à ces échauffourées de partisans, à ces affaires douteuses, où si mal à propos fut engagé l'honneur du nom français ; c'est qu'hier il était encore l'amant de la belle duchesse de Longueville, cette célèbre aventurière qui exerça sur la première période de sa vie une si funeste influence.

Dans cet autre portrait, au contraire, le duc de la Rochefoucauld a vieilli, son œil est moins hautain et la paupière en est plus tombée, les joues sont moins pleines, bref, la fierté naturelle à cette physionomie est tempérée par une indéfinissable expresssion de mélancolie. C'est bien évidemment toujours le même personnage, mais le soldat est devenu philosophe, le frondeur s'est fait moraliste et épistolier délicat, selon l'expression d'une de ses plus célèbres amies. Déjà, il tient, dans son hôtel, un cercle littéraire, où tous les beaux esprits de la cour et de l'Académie se donnent rendez-vous; il a hanté l'hôtel de Rambouillet, il a écrit son portrait chez Mademoiselle de Montpensier, la *grande Mademoiselle,* il est le collaborateur de Madame de la Fayette, l'assidu, l'indispensable des salons de Port-Royal de la rue Saint-Jacques, où la gracieuse marquise de Sablé tient son *laboratoire* de maximes, pour redire le mot que fit Sainte-Beuve. C'est dans ces salons qu'il élabore les *Maximes et Réflexions morales* qu'il publiera bientôt chez Claude Barbin ; c'est là que s'engagent de longs débats littéraires et philosophiques et que la causerie se poursuit sans fin, causerie gaie, aimable, spirituelle et railleuse dirigée par la marquise qui, toute dévote et janséniste même qu'elle est à ses heures, est douée d'un rare talent de conversation et excelle à faire jaillir la saillie alerte et vive, à décocher, comme une flèche, le mot piquant, et à provoquer la remarque fine qui, dans son état rudimentaire, est le germe d'une profonde et irréfutable maxime.

Quelle différence entre ces deux époques de la vie de la Rochefoucauld et quel abîme les sépare ! Là, c'est la vie tumultueuse et agitée des camps, c'est la fièvre de la guerre civile, ce sont les orages, les intrigues, les révoltes ; ici, par contre, le calme, la réflexion, les soucis littéraires et, avec cela, le commerce aimable, facile, agréable des amis des lettres et de la philosophie.

Qui ne comprendrait maintenant l'énorme différence que doivent présenter ces deux portraits d'un même personnage, exécutés à des époques aussi profondément dissemblables ? N'est-ce pas, en effet, sur la figure que se reflètent les passions diverses qui agitent le cœur de l'homme et les yeux ne sont-ils plus la porte de l'âme ?

Et cependant, si l'on nous demandait, à nous qui voyons dans le livre des *Maximes* un des plus fiers monuments de l'esprit humain, et qui, pour cette raison sans doute, devrions chercher à connaître les traits de l'auteur à l'époque même de sa composition, auquel de ces deux portraits il faut accorder la préférence, nous n'hésiterions pas à désigner le premier. C'est que les *Maximes* ne datent pas, en réalité, de cette époque de calme, mais bien plutôt de celle de la Fronde ; c'est que sans cette triste guerre elles n'eussent jamais paru. N'est-ce pas, en effet, après la lutte que le soldat se retire sous la tente pour panser ses blessures ? Ainsi fit la Rochefoucauld, qui, pour soigner, sinon pour guérir les blessures qu'il avait reçues au cœur, blessures autrement graves que celles du corps, composa sur ce même cœur humain, pétri d'égoïsme et d'amour-propre, les éternelles maximes dont la profondeur, la justesse et la vérité n'ont pu être diminuées par deux siècles de critique.

PORTRAITS GRAVÉS

DE

FRANÇOIS VI

DUC DE LA ROCHEFOUCAULD

Termes et Signes employés

Claire-voie, sans aucune forme autour du portrait.

Ovale ou rond, lorsqu'un filet ou le fond a cette forme.

Rond ou ovale équarri, lorsqu'un médaillon se trouve terminé par des angles ou posé sur un fond carré.

Carré, lorsqu'un filet ou le fond a cette forme.

L'astérisque (*) placé à la droite du numéro de classement d'un portrait, indique que l'ordre dans lequel se présentent les différentes parties de la lettre a été interverti, afin de pouvoir rapporter le premier le nom du personnage qui forme le titre principal de la gravure.

Les dimensions du portrait sont indiquées par deux nombres entre parenthèses séparés par un trait et annonçant, calculées en millimètres, le premier la hauteur et le second la largeur du cadre ou de la planche gravée.

La droite et la gauche sont désignées par rapport à la personne qui regarde le portrait, c'est-à-dire qu'elles sont l'une et l'autre symétriques à la droite et à la gauche de cette personne.

PORTRAITS

GRAVÉS EN FRANCE

XVIIe SIÈCLE

1

MESSIRE FRANCOIS DE LA ROCHEFOVCAVLD, Prince de Marcillac, con^er^ du Roy en ses conseils, Gouuerneur pour sa Maj^té^ en ses Prouinces et pays du haut et bas Poictou, Chastelleraudois et Loud^ois^.

B. Moncornet ex. auec priuilege du Roy.

In-8°, ovale; dans le haut du cuivre, à gauche, un écusson aux armes de la Rochefoucauld timbré de la couronne ducale et, à droite, une couronne de lauriers (160-118).

Le duc porte la cuirasse avec brassards et large col rabattu orné de dentelle. De trois quarts à droite, le regard dirigé à gauche. Un rideau forme le fond du médaillon et, légèrement soulevé, laisse entrevoir l'horizon.

On rencontre de ce portrait de belles épreuves sur lesquelles ne sont encore gravés ni les armoiries ni les lauriers.

XVIIIe SIÈCLE

2*

FRANÇOIS VI

Duc de la Rochefoucault,
Pair de France

Né le 15 Décembre 1613. Mort le 17 mars 1680.
Ferdinand Pinx. *Petit Sculp.*

Et au-dessous du trait carré :

A Paris chez Odieuvre md d'Estampes, quai de l'École vis-à-vis de la Samarite, à la belle image. C. P. R.

In-8°, ovale équarri ; de trois quarts, vêtu d'un manteau, le duc est légèrement tourné à droite (143-120).

Il existe, au Cabinet des Estampes, une épreuve superbe avant toute lettre; le portrait et le fond ovale sont seuls terminés, l'encadrement carré ainsi que la tablette ne sont qu'à peine indiqués par quelques traits. On a fait, dans le dernier siècle et dans celui-ci, un tirage, l'adresse d'Odieuvre effacée, dont il est rare de trouver des épreuves satisfaisantes.

Ce portrait a été publié dans l'ouvrage intitulé : L'EUROPE ILLUSTRE, CONTENANT L'HISTOIRE ABRÉGÉE DES SOUVERAINS, DES PRINCES, etc... *par M. Dreux du Radier, avocat. Ouvrage enrichi de portraits gravés par les soins du sieur Odieuvre. Paris, Nyon, 1777.* 6 vol. in-4°.

Il existe des exemplaires dans lesquels chaque portrait est tiré dans un encadrement composé par Babel.

3

LA ROCHEFOUCAULT

né en 1613 mort en 1680.

Et dans le haut, à droite de la tablette qui contient la lettre, le monogramme du graveur *Jean-Charles* François, formé des trois lettres J. C. F., suivi de : *ex. C. P. R.* (excudit cum privilegio Regis).

In-4°, carré. Le duc porte le manteau et est tourné à droite, la figure de trois quarts (270-182).

Il existe de ce portrait, gravé dans le genre du crayon, une épreuve en bistre au Cabinet des Estampes.

4

LA ROCHEFOUCAULT

Et, dans le haut de la tablette, le monogramme du graveur François, suivi des lettres C. P. R.

In-8°, carré (132-86).

Réduction du portrait décrit ci-dessus, gravée de la même manière.

On rencontre des épreuves entourées d'un fort gracieux encadrement composé de fleurs et de lauriers que sa délicatesse ferait facilement attribuer à Choffard, s'il n'était signé : *J. Blanchon, inv. et sculp.* La gravure en a été faite sur une autre planche que celle du portrait.

5

FRANÇOIS VI DUC DE LA ROCHEFOUCAULD

Né en M.DC.XIII. M. en M.DC.LXXX

Peint en émail par Petitot *Gravé en 1779 par PP. Choffard*
Des. et Grav. de L. M. Imp. et du Roi d'Espagne.

In-8°, ovale équarri. De trois quarts à droite, les yeux dirigés de face. Le duc porte la cuirasse et l'écharpe blanche. Le médaillon ovale est encastré dans un délicieux encadrement orné d'attributs variés élégamment disposés; blason (1), couronne ducale avec cimier (2), épée, manteau, collier de l'ordre du Saint-Esprit et livre ouvert sur lequel on lit (à peu près entièrement gravé, comme on le verra ci-dessous) : MAXIMES ‖ ET ‖ RÉFLEXIONS ‖ MORALES ‖ DU DUC ‖ DE LA ROCHEFOUCAULD ‖ (119-76).

Le Cabinet des Estampes possède de ce portrait six états fort intéressants. On les voit dans le recueil même de l'œuvre de Choffard que son ami J.-J. Blaise a réuni en deux volumes in-folio, sous le titre : ŒUVRES DE PIERRE-PHILIPPE CHOFFARD, DESSINATEUR ET GRAVEUR. HOMMAGE OFFERT A SA MÉMOIRE COMME UN TÉMOIGNAGE D'AMITIÉ ET DE RECONNAISSANCE, *par J.-J. B...., 1812.*

1° L'encadrement presque terminé, la tête et le buste à peine indiqués par quelques traits.

La cuirasse est ombrée à la mine de plomb, sans doute par Choffard lui-même.

---

(1) Burelé d'argent et d'azur, à trois chevrons de gueules brochant sur le tout, le premier ébréché de la pointe.

(2) La fée Mélusine essorant d'une cuve de bois, tenant un miroir et un peigne.

2° La figure encore à peine indiquée, la perruque et le buste plus avancés. — On a tiré de cet état une contre-épreuve également conservée au Cabinet des Estampes.

Ces deux premiers états sont *avant toute lettre;* la tablette qui se trouve dans le haut de la gravure est blanche, mais le livre est déjà couvert de tailles assez resserrées. En outre, le cimier de la couronne n'est pas encore gravé et l'écusson est blasonné à faux, les burelles, qui doivent être d'azur, étant de gueules comme les chevrons. On peut d'ailleurs constater encore sur les épreuves du dernier état l'existence de quelques traits verticaux qui sont demeurés dans ces burelles.

Dans cet état, l'encadrement n'est donc pas terminé, contrairement à l'assertion contenue dans l'ouvrage que publient MM. Portalis et Beraldi sur les « Graveurs du XVIII° siècle. »

Il ne l'est même pas dans l'état suivant. Remarques importantes si l'on admet avec nous que cette pièce tout entière est due au burin de Choffard, c'est-à-dire, que non seulement il a gravé le portrait, mais encore l'encadrement. Comment d'ailleurs douter de ce fait ? Choffard n'est-il pas le graveur par excellence des fleurons, des culs-de-lampe et des ornements ? Non content d'exécuter des encadrements pour ses propres portraits, n'en grave-t-il pas, — et de premier ordre, — pour d'autres portraits que les siens, témoins le *Le Vayer* et le *Rousseau* de Ficquet ou encore le *Racine* et le *Corneille* de Gaucher ? Du reste, si cette considération n'était pas suffisante pour nous confirmer dans notre opinion, nous ne pourrions méconnaître le *faire* spécial à Choffard et la touche si personnelle dont il a signé cet encadrement.

3° La tablette ombrée avec la *lettre grise* et le titre gravé sur le livre ouvert.

Dans cet état la sixième ligne de ce titre contient tout entier le nom DE LA ROCHEFOUCAULD, lequel, étant trop long, empiète sur la tranche.

4° L'ensemble du portrait est plus avancé, les yeux sont marqués et la lettre, qui est dans la tablette, est *noire*. Le nom DE LA ROCHEFOUCAULD ne dépasse plus la marge; il a été reculé vers l'intérieur du livre, de telle sorte qu'on ne lit plus que : AROCHEFOUCAULD.

5° Epreuve d'essai de la gravure terminée, mais avant les signatures des artistes.

6° Avec les signatures.

Ce gracieux portrait, l'un des mieux exécutés de l'œuvre de

Choffard, a été joint à l'édition des *Maximes* publiée par l'Imprimerie Royale du Louvre en 1778. Il a reparu dans la 2e édition du *Dictionnaire des graveurs de Basan*, donnée par Blaise en 1809, et dans les éditions des *Maximes* publiées par le même en 1813 et en 1820. Il y a eu de ce tirage des épreuves imprimées sur chine volant, deux ou trois sur peau de vélin et une sur taffetas.

Deux dessins originaux, l'un esquissé et avec les ornements à l'encre de chine, l'autre au bistre et terminé, figuraient dans un exemplaire, aux armes de France, de l'édition de 1778, à la vente Pixerécourt en 1838 (No 173 du catalogue) (1).

6

Fois DE LA ROCHEFOUCAULD,

Prince de Marcillac

Né en 1603, mort à Paris âgé de 68 ans.

C. Duponchel, sculp.

Édition de Cazin.

In-18, ovale équarri. Le médaillon repose sur une tablette qui contient les trois premières lignes de la lettre (88-56).

Ce portrait fort intéressant a été copié sur celui gravé par Moncornet ; il est tourné dans le sens opposé.

1er état. — Avant les mots : *Edition de Cazin.*

2e état. — Avec ces mots.

Ainsi que l'indique la lettre, cette gravure orne l'édition des Maximes publiée par Cazin, en 1784.

---

(1) Quatre épreuves, eau-forte, sur vélin, chine volant et papier ordinaire, ces trois dernières avec la lettre, vendues 80 fr. Catal. Sieurin, fév. 1879.

7

FRANÇOIS, DUC DE

LA ROCHEFOUCAULD.

J. Petitot pinx. *C. S. Gaucher incid.*

In-12, ovale équarri, le buste en cuirasse tourné à gauche (87-58).

1er état. — Eau-forte. On lit sous le trait carré, à la pointe : *J. Petitot pinx. — C. S. Gaucher inc. a. f.*

2e état. — Avant la lettre, tablette blanche, avec ces mots sous le trait carré : *J. Petitot pinx. — C. S. Gaucher incid.*

3e état. — Avec la lettre.

Ce portrait finement exécuté est joint à l'édition des *Maximes* publiée par Bleuet, l'an V (1796). Les deux premiers états en sont fort rares.

XIXe SIÈCLE

8

DE LA ROCHEFOUCAULD.

N. Monsiau delin. (à la pointe) *Aug. St-Aubin sculp.* (à la pointe)

In-12, ovale équarri. Le buste avec la cuirasse et l'écharpe, légèrement vu de dos, la figure de profil, à droite (96-62).

Ce charmant portrait a été gravé en 1804 et joint par Renouard à l'édition des *Mémoires du duc de La Rochefoucauld* qu'il a publiée en 1817 et à celle des *Œuvres de Voltaire*, 1819-25.

1er état. — Eau-forte pure, tablette blanche, avant toutes lettres. — Une épreuve au Cabinet des Estampes. — Elle est restée inconnue à M. E. Bocher qui a donné le catalogue de l'Œuvre de Saint-Aubin (Paris, 1879).

2e état. — Epreuve d'eau-forte, tablette blanche. Au-dessous de l'encadrement et au milieu, à la pointe, le monogramme de Saint-Aubin, un A et un S microscopiques entrelacés.

3e état. — L'épreuve est terminée ; la tablette blanche contient en lettres grises le nom DE LA ROCHEFOUCAULD. Le monogramme comme à l'état précédent.

4e état. — Tablette blanche et lettre grise.

Le monogramme est remplacé par les signatures des artistes telles qu'on les voit sur le dernier état.

5e état. — Celui décrit. La tablette est grise et la lettre noire. Il y a de cet état des épreuves sur Chine.

Le dessin original, de la même dimension que la gravure, à la mine de plomb, sur papier, pas trop poussé, mais cependant plus qu'une simple esquisse, fait partie de la Bibliothéque de S. A. R. le duc d'Aumale.

Outre le portrait que nous allons décrire sous le numéro 11, nous possédons une autre copie de la gravure de Saint-Aubin.

Elle est in-12, ovale, et ne porte aucune signature. En bas est gravé : De La Rochefoucauld, et dans le haut du cuivre on lit, également gravé, le numéro 14. Le personnage est tourné à gauche et de même grandeur que sur la planche qui a servi de modèle. Le médaillon est entouré d'un trait ovale formé de petits points et de hachures (63-52).

9

I. ROCHEFOUCAULD

Telle est la lettre d'une toute petite gravure à claire-voie représentant la figure seule, tournée à gauche, de l'auteur des *Maximes* (30-30).

Ce portrait, gravé sur acier d'une façon très rudimentaire, a dû être exécuté à la fin du siècle dernier, pour une histoire populaire de la maison de La Rochefoucauld, car nous possédons les portraits de deux membres de cette famille qui font évidemment partie de la même suite. Ce sont ceux du Cardinal François de La Rochefoucauld, né en 1558 et mort en 1645 et de Louis-Alexandre de La Rochefoucauld, député de Paris à l'Assemblée nationale de 1789.

10

FRANÇOIS DUC DE

LA ROCHEFOUCAULD,

Né en 1613, mort en 1680

Et au-dessous du trait carré, gravé à la pointe :

Petitot p^t. *A. DElvaux fe... 1809*

In-12, ovale équarri.

Ce portrait, copie de celui gravé par Gaucher, a été joint à l'édition des *Maximes* donnée à Paris, chez Dufart, en 1817 (117-67).

11

Duc de la Rochefoucauld,

Né en 1603,
mort le 17 mars 1680.

Petit médaillon rond équarri (42-42), sur une planche in-folio présentant les portraits de dix-neuf autres célébrités des XVIIe et XVIIIe siècles et du commencement du XIXe. Cette planche est signée : *Blanchard Sculpsit.* — (288-177).

C'est une mauvaise copie du portrait gravé par Saint-Aubin, mais le personnage est tourné à gauche.

Nous possédons de cette gravure une épreuve curieuse, découpée de la planche in-folio, sur laquelle on remarque un trait de burin qui la biffe diagonalement de gauche à droite. Elle nous a été cédée, peu avant sa mort, par M. Soliman-Lieutaud, le graveur et fin connaisseur de portraits.

12*

LA ROCHEFOUCAULD

Ferdinand. pinx. *Landon direx*[t].

Et dans le haut de la planche :

HIST. DE FRANCE.

et enfin, également en haut, au-dessus de deux filets qui circonscrivent le tout :

Tome XXXVIII, *page 305.*

In-12, carré. Copie réduite et au trait, moins le fond,

de la gravure de Moncornet (93-60), et (125-78), y compris les deux filets.

Ce portrait se trouve dans la *Biographie universelle de Michaud*, Paris, 1811-28, tome 38, p. 305.

13

La Rochefoucault.

tiré du Cabinet de Mr Marrois.

Heuer del.

Lithographie in-4°, ovale (146-114). Le duc est représenté de trois quarts, en cuirasse et légèrement tourné à gauche.

Ce portrait, exécuté d'après la gravure de Moncornet, se trouve joint à la notice sur La Rochefoucauld publiée par le comte Boissy-d'Anglas, p. 193, t. II de la *Galerie Française* éditée à Paris, chez Firmin Didot en 1821 (3 vol. in-4°.)

« Il sera tiré, dit un Avis des éditeurs, 25 exemplaires de ces « portraits sur papier *de la Chine*. »

14

LA ROCHEFOUCAULD

Petitot pinx *Laguiche del* *Bertonnier sc*

In-8°, ovale équarri; en cuirasse, de trois quarts à droite (137-89).

Ce portrait a été gravé pour orner l'édition des *Maximes* publiée par Lefèvre, en 1822.

1er état. — A claire-voie, le buste soutenu par des nuages, avec la signature à la pointe : *Bertonnier 1822* — Les épreuves, dont quelques-unes ont été tirées sur chine, sont peu communes, (77-95).

2e état. — Avant la lettre tablette blanche, portant au-dessous du trait carré : *Peint en émail par Petitot.* — *Gravé par Bertonnier.* — Quelques épreuves sur chine.

3e état. — Celui décrit.

15

LA ROCHEFOUCAULD.

Devéria delt. *Burdet sculpt.*

In-8°, ovale, équarri. Le personnage porte la cuirasse. Le buste est tourné à droite, la figure presque de face. Sur le fond ovale se détachent un rideau et un fût de colonne (122-85).

1er état. — Eau forte pure. Il y a des épreuves sur chine.

2e état. — Avant la lettre, tablette blanche. Un centimètre au-dessous du trait carré, on lit gravé au pointillé : *Dess. p. Devéria.* — *Gra. p. Burdet.*

3e état. — Avec la lettre. On rencontre difficilement de bonnes épreuves de ce dernier état, la planche ayant été vite usée.

Cette gravure fait partie de la suite de vingt-cinq portraits destinés à illustrer l'édition des *Lettres de Mme de Sévigné* publiée par Dalibon, en 1823.

16

LAROCHEFOUCAULD.

L. Petitot pinxt (à la pointe) *Pourvoyeur sculpt* (à la pointe)

In-12, ovale ; le duc est en armure, de trois quarts à droite, d'après Gaucher (55-42).

1er état. — Eau-forte, avec le fond retouché au burin.

2e état. — Eau-forte plus avancée. La figure, la chevelure et la cuirasse ont été l'objet de nouveaux travaux.

3e état. — Terminé, avant la lettre.

Il y a de ce dernier état des épreuves tirées sur papier de chine dans les formats in-12 et in-8°.

Ces trois états portent tous les signatures des artistes comme elles sont rapportées ci-dessus.

4e état. — Celui décrit.

Ce portrait a été exécuté pour l'édition des *Maximes* publiée en 1824, par de Bure, dans sa *Collection des classiques français*.

17*

LA ROCHEFOUCAULD

Devéria del. *A. Fauchery Sc.*

A Paris, chez Blaisot Palais-Royal

In-8°, ovale. Le dessin est le même que celui qui a servi à Burdet, mais la gravure est bien plus jolie (77-63).

1er état. — Eau-forte pure. Au-dessous de l'ovale, finement gravé à la pointe : *Fauchery*.

2e état. — Epreuve terminée, avant la lettre. Au-dessous de l'ovale, à la pointe, *A. Fauchery sculp.* — Il y a des épreuves sur chine.

3e état. — Avec la lettre, comme elle est représentée ci-dessus. Il existe aussi de cet état des épreuves sur chine.

Ce portrait a été joint à l'édition des *Œuvres de la Rochefoucauld* donnée à Paris, chez le libraire Ponthieu, en 1825.

18

LA ROCHEFOUCAULD.

Petitot Pinxt. *Bonvoisin Sct.*

In-12, ovale équarri, le buste armé de la cuirasse et tourné à droite (80-55).

Petit portrait assez bien exécuté, mais dont il convient de choisir avec soin les épreuves. Il a été gravé, en 1825, pour la *Bibliothèque française* publiée par Menard et Desenne. Il doit sans doute exister à l'état d'eau-forte et aussi avant la lettre, la tablette chargée de tailles, comme nous l'avons constaté pour d'autres portraits de cette collection. —De l'état décrit ci-dessus, on rencontre de belles épreuves tirées sur grand papier vélin fort, de format in-4°.

19

LA ROCHEFOUCAULD

Cette lettre, imprimée en caractères gothiques, se lit au pied d'un portrait in-12 carré, entouré d'un encadrement de même forme composé de deux traits (60-48) et avec le cadre (70-53).

Le duc porte la cuirasse et est tourné à droite.

Méchante petite pièce exécutée, d'après Gaucher, en 1826, pour une édition des *Maximes* publiée chez Salmon, à Paris, dans sa collection des *Moralistes françois*.

20

LA ROCHEFOUCAULD.

Bv Roger sculp. (à la pointe)

In-8°, ovale. Copie du portrait gravé par Bertonnier (85-67).

1er état. — Avant la lettre, avec la signature de Roger, comme elle est représentée ci-dessus.

On rencontre de cet état de fort belles épreuves tirées sur papier de chine.

2e état. — Celui décrit.

Ce portrait se joint à l'édition des *Maximes* publiée, en 1827, dans la *Collection des Classiques françois.*

21*

LA ROCHEFOUCAULD.

Couché fils sc.

In-12, à claire-voie. Copie de la gravure de Gaucher; le buste entouré de hachures simulant des nuages (53-49).

1er état. — Avant toute lettre.

2e état. — Celui décrit.

Cette gravure se trouve jointe à l'édition des *Maximes* publiée dans la *Bibliothèque en miniature.* Paris, Lemoine, 1827.

22*

LAROCHEFOUCAULD.

Gravé sur acier par Hopwood d'après l'émail de Petitot.
Publié par Lami Denozan.

In-12, carré. Dans un encadrement formé par un quadruple filet (42-37), et avec le cadre (58-52); le duc porte la cuirasse et l'écharpe, il est tourné à droite.

Cette gracieuse petite pièce, exécutée au pointillé, fait partie de la *Collection de portraits des Français célèbres par leurs actions ou par leurs écrits* publiée en 1827-29, par Ernest Lami Denozan et Firmin Didot.

1er état. — Eau-forte pure. Une épreuve sur chine au Cabinet des Estampes.

2e état. — Epreuve terminée, avec le cadre, mais sans aucune lettre ni signature.

3e état. — Avant la lettre, portant seulement au-dessous de l'encadrement : *Gravé sur acier par Hopwood d'après l'émail de Petitot.* — Il y a des épreuves sur chine.

4e état. — Celui décrit.

5e état. — L'adresse de Lami Denozan effacée.

23*

LA ROCHEFOUCAULD,

Né en 1613. — Mort en 1680.

Peint par Petitot (Acier) 1828. Gravé par Allais.

In-12, carré, dans un triple filet formant encadrement. Le buste, avec la cuirasse et l'écharpe, tourné à droite (54-42).

1er état. — Avant la lettre et l'encadrement. Au-dessous du trait carré, on lit finement gravé à la pointe : *Peint par Petitot (Acier) 1828. Gravé par Allais.* — et, plus bas, également à la pointe : *Fs de la Rochefoucauld.*

On a tiré de cet état quelques épreuves sur chine de format in-4o montées sur papier vélin fort.

2e état. — Avant la lettre et l'encadrement. Le nom a été effacé sur la planche.

Quelques épreuves sur chine.

3e état. — Avec la lettre. Celle-ci varie beaucoup. Les mots : « *Peint par Petitot (acier)*....... », se présentent toujours de la même manière, mais le nom du personnage est diversement écrit. Tantôt (A) il y a : LAROCHEFOUCAULD et tantôt (B), DUC DE LA ROCHEFOUCAULT; enfin, sur d'autres épreuves (C) le nom est orthographié comme dans l'état décrit ci-dessus, le seul d'ailleurs qui contienne les dates de la naissance et du décès. Il est à remarquer aussi que l'encadrement n'a pas, sur tous ces tirages, les mêmes dimensions. Dans l'un (A), il mesure (68-52), dans l'autre (B), il n'a que (67-52) et enfin, dans le dernier (C), il faut compter (68-52) et même (68-53).

Il y a de ces tirages des épreuves sur chine.

Ce dernier état a servi à décorer l'édition des *Maximes* publiée, en 1829, dans la *Bibliothèque des Amis des Lettres.*

Tout d'abord cependant, cette gravure, entourée d'un texte présentant l'historique de la vie de La Rochefoucauld, avait paru dans la suite de l'*Iconographie instructive* éditée par *Jarry de Mancy* et pour laquelle elle avait été exécutée.

Quelques années après, l'éditeur Bénard réimprima cette suite de gravures. Pour la rajeunir, il fit graver quatre jolis encadrements composés d'arabesques qui servirent indistinctement pour le tirage des portraits qui la composent (103-83).

Enfin, en dernier lieu, M. Danlos ayant acquis les planches, les fit tirer dans un encadrement du plus mauvais goût, composé à cet effet et signé : Clerget. Dans cet état, le nom est orthographié comme il a été dit ci-dessus (B), et on lit dans le bas : Danlos, Editeur, quai Malaquais, 1, Paris. — (133-85).

24

En tête de la seconde partie de l'ouvrage intitulé : *Collection des classiques français, Paris, Dufour, 1828*, in-8°, se trouve un frontispice gravé présentant, entourés de divers attributs, sept médaillons avec les portraits de Fénelon, Bossuet, Pascal, La Rochefoucauld, Lesage, La Bruyère, Montesquieu et Massillon. Cette gravure n'a pour toute lettre que les noms des artistes gravés à la pointe : *Jul. Boilly del. — Alp. Boilly sculp.* (115-111).

Le portrait du duc de La Rochefoucauld, le seul dont nous ayons à nous occuper ici, est assez médiocrement gravé d'après Gaucher et tourné dans le sens opposé. Le médaillon mesure 31 millimètres de haut sur 25 de large.

Ce frontispice existe-t-il avec une autre lettre, comme celui qui accompagne la première partie de l'ouvrage ? Telle est la question que nous nous sommes posée et que nous avons dû résoudre par la négative.

D'abord, nous n'avons jamais vu d'épreuve autre que celle que nous venons de décrire.

En second lieu, il paraît que, devant le peu de succès de sa publication, l'éditeur dut diminuer ses frais. C'est ainsi que la seconde partie de l'ouvrage fut de beaucoup moins importante que la première et même que le frontispice ne fut pas joint à tous les exemplaires mis en vente. Pour le même motif sans doute, il n'y eut de cette planche qu'un tirage avant la lettre.

On a fait de cette pièce une mauvaise réduction, dont on ne rencontre que des épreuves avant la lettre. Toutefois, chacun des médaillons qui la composent porte le nom du personnage qu'il contient. Sur celui de l'auteur des *Maximes*, on lit : LA ROCHEFOUCAULD. La gravure ainsi réduite mesure (74-55) et les médaillons (17-15).

25*

LA ROCHEFOUCAULT

Dessiné par J. Boilly *Gravé par A. Boilly*

Grand in-8°, à claire-voie. Le duc se promène dans la campagne, en manteau et l'épée au côté. Il tient un livre d'une main et de l'autre un crayon (185-130).

Ce portrait-costume a été publié dans le *Plutarque français, par Mennechet. Paris, Crapelet, 1836*. Il en existe des épreuves avant toute lettre tirées sur chine et montées sur grand in-4°.

De l'état décrit ci-dessus, on trouve aussi des épreuves sur chine ; d'autres ont été, par les soins de l'éditeur et pour être jointes à l'ouvrage, coloriées à l'aquarelle.

26*

F^çois^ VI DE LA ROCHEFOUCAULD

Z^in^ Belliard *Lith. de Delpech.*

Lithographie in-folio, à claire-voie (241-222).

Le duc porte le manteau avec le collier de l'ordre du Saint-Esprit. Le corps et la tête sont tournés à droite, le regard est dirigé de face.

Ce portrait fait partie de l'ouvrage intitulé : ICONOGRAPHIE FRANÇAISE OU CHOIX DE DEUX CENTS PORTRAITS... publié par Delpech. — Paris, 1840.

27*

FÇOIS VI DE LA ROCHEFOUCAULD.

168.

Lith. de Delpech.

Et au-dessous, à trente millimètres environ, un facsimile autographique de la signature de La Rochefoucauld.

Lithographie in-8°, à claire-voie (104-90).

Réduction, tournée en sens contraire, du portrait décrit cidessus. On en rencontre des épreuves avant le numéro 168.

28

LAROCHEFOUCAULT

Médaillon ovale. Le duc porte la cuirasse, il est vu de trois quarts et légèrement tourné à droite, d'après Duponchel (64-50).

Ce portrait, gravé au pointillé, existe encore dans un encadrement allégorique entouré de lauriers et reposant sur un nuage Au-dessus du médaillon, comme dans l'état déjà décrit, on lit : LA ROCHEFOUCAULD, et dans le bas de la gravure : *Couché fils sc.* (137-99).

29

FRANÇOIS DE LA ROCHEFOUCAULD,

Né en 1603, mort le 17 mars 1680.

Lith. de Demanne.

Et au-dessous de l'ovale : J. Beaume, del.

Lithographie in-folio, ovale (218-184).

De trois quarts à gauche, le duc porte l'armure et l'écharpe. Cette imitation un peu libre du portrait gravé par Gaucher est cependant d'un assez joli aspect.

30

FRANÇOIS · VI · DUC · DE · LA · ROCHEFOUCAULD

In-8°. Médaillon ovale encastré dans un encadrement de forme monumentale surmonté des armes et de la couronne ducale entourées de lauriers. Au-dessous du médaillon, l'épée, le collier de l'ordre et un livre ouvert sur lequel on lit : MAXIMES ‖ ET ‖ RÉFLEXIONS MORALES ‖ (137-87).

De trois quarts à droite, avec la cuirasse et l'écharpe, d'après Choffard.

Ce délicieux portrait, qui restera l'un des plus jolis parmi ceux du personnage exécutés dans ce siècle, n'a point été mis dans le commerce. Nous en possédons, en épreuves d'artiste, les trois états suivants, dont les deux derniers sont tirés sur chine.

1° Eau-forte pure. Avant l'encadrement (71-60).

2° Le médaillon ovale terminé au burin, mais encore avant l'encadrement.

3° Avec l'encadrement et la lettre, mais sans les signatures des artistes.

Cette gravure est due au burin de M. Tony Goutière.

31

LAROCHEFOUCAULT.

Suderé del *Lithog. de C. Motte*

Lithographie ovale, in-4° (145-113). De trois quarts à droite, les yeux dirigés de face, le duc porte la cuirasse avec le large col rabattu orné de dentelle, d'après Moncornet.

Nous possédons un dessin, très poussé, sinon très joli, qui doit être l'original de cette lithographie. A la plume, lavé d'encre de chine, avec rehauts à la mine de plomb, il est signé : F. MALPERTUY. Il se présente sous la forme d'un médaillon presque rond (65-66).

32

FRANÇOIS, DUC DE LA ROCHEFOUCAULD.

AUTEUR DES MAXIMES ET REFLEXIONS MORALES
NÉ EN 1613 AU CHATEAU DE LA ROCHEFOUCAULD.

Cette légende se déroule sur une banderole entourant de ses plis le portrait du moraliste assez mal gravé d'après Choffard, et au-dessous, une vue du château de la Rochefoucauld. Le tout se trouve sur une carte du département de la Charente, qui fait partie de l'atlas publié par Migeon, en 1859. Au bas de cette carte, sur laquelle figurent encore François Ier et sa sœur, Marguerite de Valois, on lit, au-dessous du trait carré, à gauche : *Gravé par Alès.*

33

LA ROCHEFOUCAULD (FRANÇOIS

VIe DU NOM, DUC DE) + 1680

Sichling sc.

Et au-dessus de la gravure, à droite : S^io^ X, S^on^ 3. puis au bas, également à droite : *Diagraphe et Pantographe Gavard.*

In-8°, carré ; le duc est en manteau, avec le collier de l'ordre, de trois quarts et très légèrement tourné à gauche (112-88).

Cette planche fait partie de la collection du Musée de Versailles ; on en rencontre des épreuves qui ne portent plus les deux dernières lignes de la lettre rapportées ci-dessus, lesquelles sont remplacées par le numéro 2291 gravé au-dessus du trait carré.

Dans notre collection, une très belle épreuve sur chine avant la lettre, avec la seule signature : *Sichling sc.*

34*

LA ROCHEFOUCAULD

D'après l'émail appartenant à S. M. la Reine des Pays-Bas.

Publié par Blaisot *Imp. Ch. Chardon aîné, Paris.*

Et de chaque côté, près du trait ovale :

Petitot pinx^t. L. Ceroni sculp^t.

In-8° ovale. Le duc porte le manteau; le buste est complètement tourné à droite, la figure est ramenée de trois quarts par un gracieux mouvement de tête et le regard est dirigé de face (63-47).

Pour exécuter cette gravure, on confia à M. Henri Regnault (1), jeune artiste parisien, le soin de faire un dessin (2). Nous avons dit dans notre Notice comment, faute de pouvoir copier l'émail de la Reine des Pays-Bas, il dut se borner à reproduire la gravure de Choffard, en changeant les proportions et en substituant, pour faire du nouveau, un manteau à la cuirasse. Ce dessin, à la mine de plomb, sur bristol blanc, très poussé et fort joli, fait maintenant partie de notre collection. L'ovale ayant été sur le cuivre ramené à des proportions plus harmonieuses, notre dessin est un peu plus large que la gravure et mesure 63 millimètres sur 51.

(1) Cet artiste n'a de commun que le nom avec le malheureux peintre qui paya de la vie sa dette à la patrie, lors de l'invasion tudesque.

(2) Ce travail fut, paraît-il, payé 50 fr., ainsi que tous les dessins exécutés pour le livre des *Émaux* de Petitot.

1er état. — Eau-forte pure; trois ou quatre épreuves seulement.

2e état. — Avant toute lettre.

3e état. — Celui décrit.

On a tiré de ces deux derniers états cent épreuves sur chine, dix en bistre et un nombre égal en sanguine.

C'est dans le troisième état que cette gravure a été jointe à l'ouvrage intitulé : *Les émaux de Petitot du musée impérial du Louvre. — Portraits de personnages célèbres du siècle de Louis XIV, gravés au burin par Ceroni. Paris, Blaisot et Renouard, 1862*, 2 vol. in-4°. — Cette publication avait commencé à paraître le 1er mai 1861. — Le tirage de ce portrait de La Rochefoucauld fut, comme celui du texte et des autres portraits, et indépendamment des épreuves d'artiste indiquées ci-dessus, porté au nombre de mille.

Toutefois, ce portrait n'ayant pas, en raison sans doute du changement apporté au type connu de la gravure de Choffard, réuni les suffrages de tous les amateurs, les éditeurs durent songer à lui rendre le cachet de sincérité qu'ils lui avaient enlevé. On effaça donc le manteau et l'on grava à la place une cuirasse avec l'écharpe. Cette substitution ayant été opérée sur le cuivre, — car il faut bien noter qu'il n'y eut qu'une seule planche, — on fit un nouveau tirage avec états, sur blanc, sur chine, en bistre et en sanguine, comme on avait fait précédemment. Cependant, le nombre des épreuves avec la lettre fut assez restreint, car de nouvelles critiques visant cette fois l'expression de la physionomie et l'ensemble même du portrait, force fut au graveur de reprendre son burin et d'exécuter de nouveaux travaux sur ce cuivre qui avait déjà été l'objet de si importantes retouches. Alors, le front fut élargi, l'expression des yeux modifiée, le visage et la chevelure éclairés d'une plus chaude lumière, l'ovale de la figure, se profilant sur la perruque, fut délicatement accentué et il n'est pas jusqu'à la cuirasse qui n'ait été elle-même l'objet de corrections attentives. Six épreuves d'essai, dont quatre font partie de notre collection, tirées pour guider l'artiste dans ses travaux, témoignent des soins apportés à ce remaniement.

De cette planche ainsi retouchée et présentant en réalité sa *troisième manière d'être*, — car, il nous faut bien trouver une expression pour désigner ces métamorphoses successives, — on fit encore un tirage avec les mêmes états que ceux que nous avons décrits ci-dessus. Du reste, la lettre resta la même que celle que nous avons représentée au début de cet article. Toutefois, sur les deux différents portraits *avec la cuirasse,* on a, après les mots : Petitot pinxt., ajouté : N° 23, ce qui ne se lit pas sur le portrait *au manteau.*

C'est dans ces nouvelles conditions que ce portrait a été joint au second tirage du texte de l'ouvrage dont nous avons donné le titre plus haut.

35

LE DUC DE LA ROCHEFOUCAULD

Garnier frères, éditeurs. *Imp. Ch. Chardon aîné, Paris.*

In-8° carré. Le duc de La Rochefoucauld, debout, à mi-corps, avec le collier, est légèrement tourné à droite (147-97).

Ce portrait exécuté par Staal est maniéré et tout empreint du cachet de fantaisie que ce graveur excelle à donner à ses productions. On en rencontre de fort belles épreuves d'*artiste* sur chine, avant toute lettre.

36

Les *Œuvres morales de La Rochefoucauld. — Paris, Plon,* 1869, in-16, sont ornées d'un portrait du duc gravé d'après Gaucher, dans un médaillon ovale (65-55).

Il n'existe de cette gravure qu'un seul état. Il est avant la lettre, sur chine, avec la signature du graveur : Nargeot sculpt.

37

ŒUVRES
DE
LAROCHEFOUCAULD

PARIS
ALPHONSE LEMERRE
1870

Bracquemond. *Imp. A. Salmon.*

Portrait-frontispice, in-12, carré. Le buste du personnage en manteau posé sur un piédestal (105-55).

1er état. — Eau-forte pure, tout le dessin sans le fond.
2e état. — Avant toute lettre, le fond ajouté et la planche retouchée à la pointe sèche.
3e état. — Celui décrit.
Il existe de ces trois états des épreuves sur chine volant.
Ce portrait est fort inférieur, comme dessin, aux autres productions de M. Bracquemond et il faut une grande bonne volonté pour reconnaître le duc de la Rochefoucauld dans cette figure grimaçante, qui ne ressemble en rien au type connu.

38

LA ROCHEFOUCAULD

Ad. Lalauze.

In-8°, à claire-voie.

Cette copie à l'eau-forte du portrait gravé d'après Petitot par Bertonnier, en 1822, se trouve jointe à l'édition des *Maximes* publiée chez Jouaust, en 1881 (71-62).

Avant de livrer la planche à l'éditeur, M. Lalauze a fait tirer quatre épreuves sur japon d'un premier état, puis une sur parchemin, six sur japon et deux sur hollande d'un second état plus avancé. Ces deux états, dont nous avons réussi à nous procurer des épreuves, sont avant la lettre et portent finement gravé à la pointe : *Ad. Lalauze*, et comme remarque, dans le bas du cuivre, un essai du graveur représentant une maison.

Cette remarque ayant été effacée, on a fait le tirage pour le commerce :

1° — Avant la lettre, la signature seule du graveur telle qu'elle est rapportée ci-dessus.

2° — Avec la lettre.

39

LAROCHEFOUCAULT.

Petit portrait ovale exécuté sans art d'après la gravure de Bonvoisin. Il est encastré dans un encadrement à peu près carré, imitant ces cadres en cuivre repoussé d'une facture très ordinaire que l'on rencontre partout. Sur le bas du cadre est placé une tablette ovale qui porte le nom du personnage (53-40).

PORTRAITS

GRAVÉS A L'ÉTRANGER

40

FRANÇOIS DUC DE LA ROCHEFOUCAULD.

J. Petitot pinx. *Ph. Audinet Sculp.*

In-12, ovale équarri. Le personnage est en cuirasse, le buste tourné à gauche (111-76).

Ce gracieux portrait a été gravé en Angleterre, pour l'édition des *Maximes* donnée par Lhomme à Londres, en 1799. Le graveur s'est manifestement inspiré du travail de Gaucher, dont il a du moins bien compris le sentiment, s'il n'en a pas tout à fait égalé la finesse d'exécution.

Nous ne connaissons pas d'autre état de la planche que celui décrit.

41

Un petit médaillon ovale signé *J. B. Pfitzer sc.* représente le duc de la Rochefoucauld en cuirasse d'après Choffard, le buste légèrement tourné à droite (55-42).

Nous ne connaissons de cette gravure, œuvre assez médiocre d'un artiste peu connu et, paraît-il, de nationalité anglaise, qu'une épreuve avant la lettre dans notre collection.

42

FRANZ VI

HERZOG VON LA ROCHEFOUCAULT

In-12, ovale; le personnage en manteau; gravure au pointillé (57-45).

Œuvre assez médiocre d'un artiste allemand dont nous ignorons le nom. Une épreuve au Cabinet des Estampes.

43

LA ROCHEFOUCAULD,

FROM AN ENAMEL BY PETITOT

In-8°, ovale équarri. Copie du portrait gravé par Audinet (53-45).

Cette gravure est jointe à une traduction des *Maximes* publiée à Londres, chez John Camden Hotten, S. D. (1871).

44

Une petite gravure en bois, médiocrement exécutée, représentant le duc de la Rochefoucauld, en cuirasse, d'après l'émail de Petitot reproduit par Choffard, se voit sur le titre d'une traduction en anglais des Maximes (Londres, Sampson Low, 1881). L'encadrement est ovale équarri (37-33).

TABLE DES MATIÈRES

ACHEVÉ D'IMPRIMER

Sur les presses de Motteroz

Par les soins et aux frais de l'Auteur

LE XV FÉVRIER M.DCCC.LXXXII

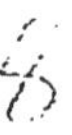